JN260412

# ロゼット切り紙

Killigraph

誠文堂新光社

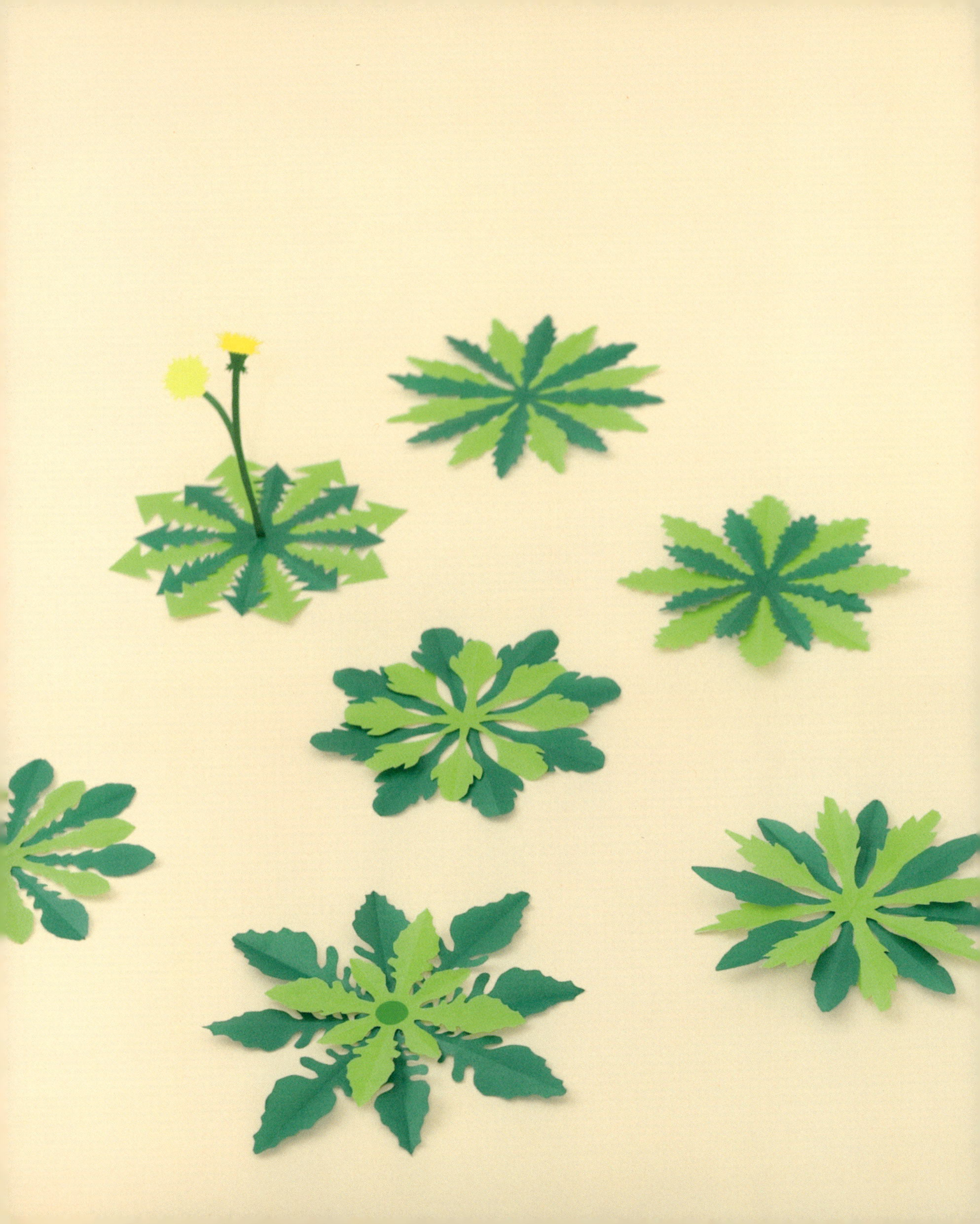

## 切り紙で作るロゼットの世界

タンポポの葉のように、短い茎から
葉が放射状に広がっている植物は、
バラの花のような形状をしていることから
ロゼットと呼ばれています。
一生をロゼット状のまま終える植物もあれば、
越冬の時期だけ地面に伏すように
ぺちゃんこの状態になるものもあります。
そうしたロゼット状の葉を
モチーフに図案化して、
切り紙にしてみました。
このロゼット切り紙を
作ったり飾ったりすることで
植物が生んだ美しいデザインを
お部屋で気軽に
楽しんでいただけたらと思います。

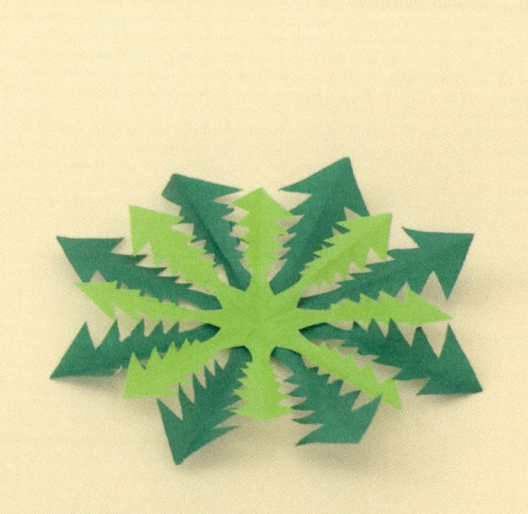

# Contents

切り紙でつくるロゼットの世界 ...... 3
用意する道具 ...... 6
紙の種類 ...... 8
準備1 折り方 ...... 10
準備2 型紙の貼り方 ...... 11
基本のテクニック1
　折ってハサミで切る作品の作り方 ...... 12
　ハサミの使い方のコツ ...... 13
基本のテクニック2
　カッターナイフで切る作品の作り方 ...... 14
　カッターナイフの使い方のコツ ...... 15
葉っぱを重ねて貼る方法 ...... 16
色をつける方法 ...... 17

## Arrangement Idea

01 タンポポオブジェ ...... 30
02 ロゼットブローチ ...... 40
03 フェルトロゼット ...... 50
04 ウォールステッカー ...... 64
05 アイロンプリント ...... 74
06 ステンシル ...... 82
07 ステンドグラス ...... 96
08 ガーランド ...... 104
09 オーナメント ...... 110

## Column

窓に貼る ...... 52
ひもで吊す ...... 84
壁に貼る ...... 112

## Chapter 1

簡単バージョン
**ハサミで切るロゼット** ...... 19

1-001　セイヨウタンポポ ...... 22
1-002　オオアレチノグサ ...... 23
1-003　オニタビラコ ...... 24
1-004　オニノゲシ ...... 24
1-005　ヒルザキツキミソウ ...... 25
1-006　ヒレアザミ ...... 26
1-007　ヨモギ ...... 27
1-008　ヨメナ ...... 28
1-009　ヒメムカシヨモギ ...... 29
1-010　ウラジロチチコグサ ...... 29
1-011　キツネアザミ ...... 32
1-012　ナズナ ...... 33
1-013　キュウリグサ ...... 34
1-014　ノアザミ ...... 35
1-015　ハルジオン ...... 36
1-016　ショウジョウバカマ ...... 36
1-017　スカシタゴボウ ...... 37
1-018　ヒメジョオン ...... 38
1-019　ヘラオオバコ ...... 39
1-020　イヌガシラ ...... 39
1-021　タネツケバナ ...... 42
1-022　オオバコ ...... 43
1-023　コマツヨイグサ ...... 44
1-024　メマツヨイグサ ...... 45
1-025　ニワゼキショウ ...... 45
1-026　ユウゲショウ ...... 46
1-027　イヌナズナ ...... 47
1-028　セイタカアワダチソウ ...... 47
1-029　ノゲシ ...... 48
1-030　ブタナ ...... 49

# Chapter 2

複雑バージョン

## カッターナイフで切るロゼット — 53

| | |
|---|---|
| 2-001 セイヨウタンポポ | 56 |
| 2-002 オオアレチノギク | 57 |
| 2-003 オニタビラコ | 58 |
| 2-004 オニノゲシ | 59 |
| 2-005 ヒルザキツキミソウ | 60 |
| 2-006 ヨメナ | 60 |
| 2-007 ナズナ | 61 |
| 2-008 ヒメムカシヨモギ | 62 |
| 2-009 ブタナ | 63 |
| 2-010 ノアザミ | 66 |
| 2-011 ハルジオン | 67 |
| 2-012 キュウリグサ | 67 |
| 2-013 ヒレアザミ | 68 |
| 2-014 ウラジロチチコグサ | 68 |
| 2-015 ヨモギ | 69 |
| 2-016 ヘラオオバコ | 70 |
| 2-017 オオバコ | 70 |
| 2-018 キツネアザミ | 71 |
| 2-019 スカシタゴボウ | 72 |
| 2-020 ヒメジョオン | 73 |
| 2-021 イヌガラシ | 73 |
| 2-022 ショウジョウバカマ | 76 |
| 2-023 メマツヨイグサ | 76 |
| 2-024 ノゲシ | 77 |
| 2-025 イヌナズナ | 77 |
| 2-026 タネツケバナ | 78 |
| 2-027 ニワゼキショウ | 79 |
| 2-028 コマツヨイグサ | 79 |
| 2-029 セイタカアワダチソウ | 80 |
| 2-030 ユウゲショウ | 81 |

# Chapter 3

オリジナルバージョン

## 幾何学模様のロゼット — 85

| | | | |
|---|---|---|---|
| 3-001 | 88 | 3-031 | 100 |
| 3-002 | 88 | 3-032 | 100 |
| 3-003 | 88 | 3-033 | 101 |
| 3-004 | 89 | 3-034 | 101 |
| 3-005 | 89 | 3-035 | 101 |
| 3-006 | 89 | 3-036 | 101 |
| 3-007 | 90 | 3-037 | 102 |
| 3-008 | 90 | 3-038 | 102 |
| 3-009 | 91 | 3-039 | 102 |
| 3-010 | 92 | 3-040 | 103 |
| 3-011 | 92 | 3-041 | 103 |
| 3-012 | 92 | 3-042 | 103 |
| 3-013 | 93 | 3-043 | 103 |
| 3-014 | 93 | 3-044 | 103 |
| 3-015 | 94 | 3-045 | 106 |
| 3-016 | 94 | 3-046 | 106 |
| 3-017 | 94 | 3-047 | 106 |
| 3-018 | 94 | 3-048 | 106 |
| 3-019 | 95 | 3-049 | 107 |
| 3-020 | 95 | 3-050 | 107 |
| 3-021 | 95 | 3-051 | 107 |
| 3-022 | 98 | 3-052 | 107 |
| 3-023 | 98 | 3-053 | 108 |
| 3-024 | 98 | 3-054 | 108 |
| 3-025 | 99 | 3-055 | 109 |
| 3-026 | 99 | 3-056 | 109 |
| 3-027 | 99 | 3-057 | 109 |
| 3-028 | 99 | 3-058 | 109 |
| 3-029 | 99 | 3-059 | 109 |
| 3-030 | 100 | 3-060 | 109 |

型紙図案集 — 113

# 用意する道具

切り紙を作る際に必要な道具です。作るアイテムによって、使いやすいものを選んでください。

## 1 ハサミ
簡単な形状と複雑な形状の作品とで、ハサミを使いわけるのも、ひとつのテクニックです(右ページ参照)。

## 2 デザインナイフ
カッターナイフでも構いませんが、細かい部分を切る際に便利なので、1本あると重宝します。

## 3 カッティングマット
デザインナイフを使う際に下に敷きます。100円ショップで購入できるものでOK。

## 4 テープ糊
紙がしわになりにくいのでおすすめです。型紙を貼る際は、弱粘着タイプを使用すると、はがしてまた使えます。

## 5 ホチキス
型紙や折ったおりがみを固定するために使用します。余白の多い型紙の場合は、ホチキスだけでも固定できます。

## 6 メンディングテープ
型紙を固定する際に使用します。型紙に沿って切る際、セロハンテープよりスムーズに切れます。

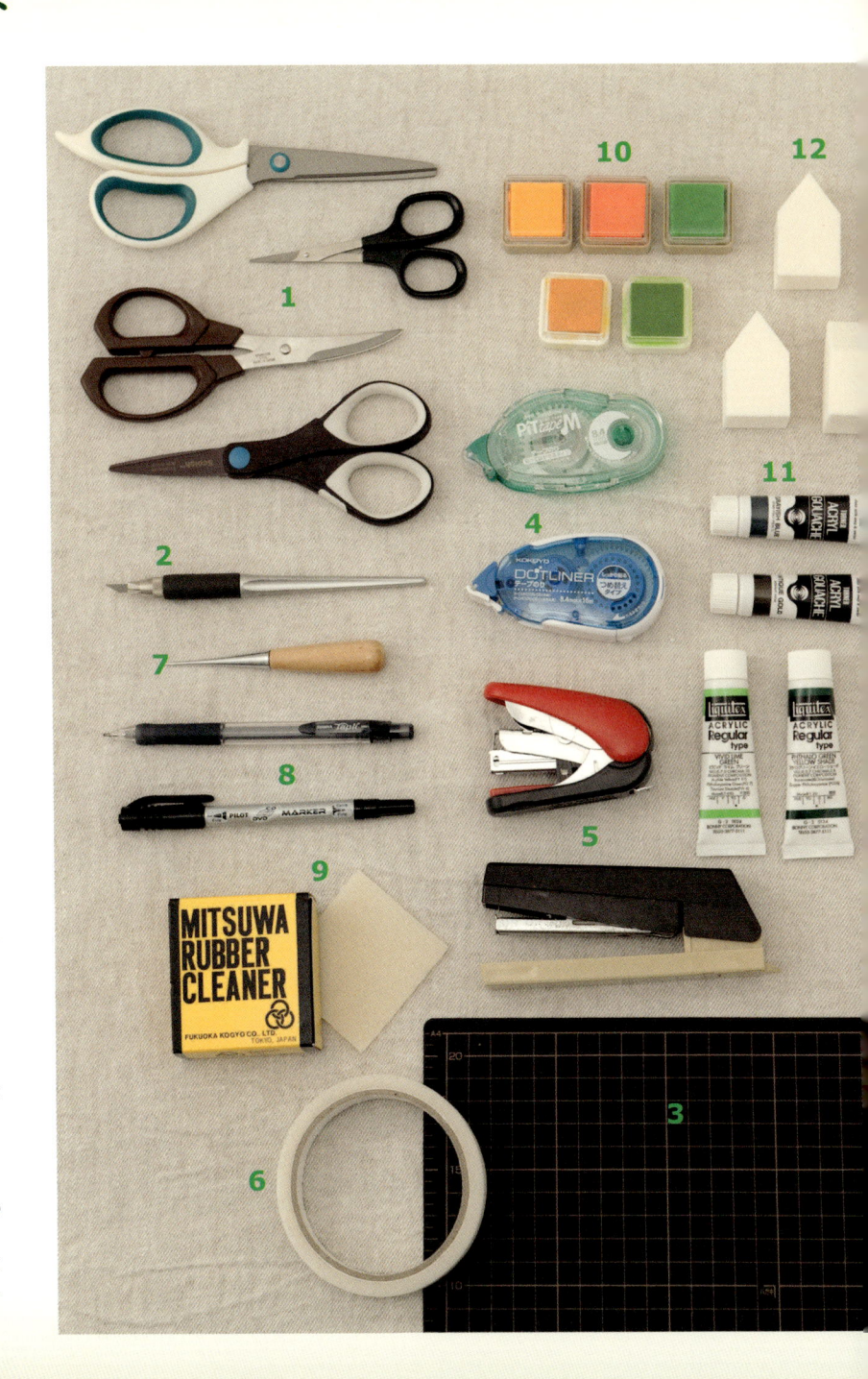

## ハサミの種類

この本で紹介している型紙は形状によって難易度に差があります。形状にあわせてハサミを使い分けると、よりスムーズに切り進められます。

**標準的なハサミ**

標準的なハサミでも切り紙を作ることができますが、小さめのハサミのほうが、小回りがきくのでおすすめです。

**小型クラフト用ハサミ**

クラフトに特化した小型のハサミは複雑な形状の型紙に便利。特に折りの重なった作品は、このようなハサミを使うとスムーズに切れます。

### 7 目打ち
初めての人はポイントになる箇所に穴をあけて、切るガイドにすると便利です。

### 8 筆記具
型紙をなぞる際に使用するので、シャープペンシルなど先の細いものがおすすめ。布に書く際は油性ペンなどを使用します。

### 9 ラバークリーナー
型紙に使用した弱粘着糊が残っていたり、はみ出したりした場合に使用します。画材店で入手できます。

### 10 インクパッド
葉っぱに色をつける際に使用します。小さいサイズの方が使いやすいです。

### 11 アクリル絵の具
ステンシルで使用します。洗濯をするような布製のアイテムに使う場合は、水に溶けないアクリル性の絵の具を選んでください。

### 12 スポンジ
作品に色をつけたり、ステンシルで使用します。化粧用のスポンジがおすすめです。

# 紙の種類

この本で使用している紙を紹介します。色や素材、厚さなど、使う紙によってさまざまな葉の表情が再現できるので、お気に入りの紙を探してみてください。

### 50色おりがみ

50色展開の標準的なおりがみ。色数が豊富なので、微妙なグラデーションの組み合わせも可能。本書で一番多く使っている紙です。

### 教育セロファン

透明性が高く光沢のあるセロファン紙。5色展開でおりがみや工作に最適。窓に貼ったり、ステンドグラスにしたり、透明の素材を活かした作品に使用しています。

## ファンタジーカラー

### フラワー

グラデーション模様になっている、ファンタジーカラーのおりがみ。10色展開で色の組み合わせも楽しめます。花のように柔らかな印象のグラデーションが特徴です。

### ダリア

上のフラワーと同様に10色展開になっていて、四角い模様のグラデーションになっています。

## タントシリーズ

### タント100カラーペーパー

100色の豊富な色展開が魅力。両面同色のコシのある紙なので、しっかりとした作品が作れます。おりがみより少し厚いので、本書では8折りで作るタイプや、カッターナイフで切るタイプの作品で使用しています。

### タント12カラーペーパー

同系色12色を集めた、両面同色カラーペーパー。同系色で構成されたパッケージは、使う色の傾向が決まっている場合におすすめ。この本ではグラデーションで重ねるときに便利です。

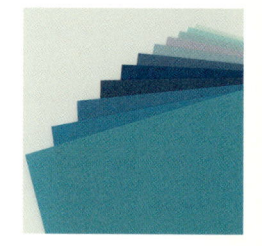

### クレープコレクション

シワのようなエンボスのクレープ加工を施した、柔らかな紙質のおりがみ。ソフトな折り紙なので、作品がナチュラルに仕上がります。

## 創作専科シリーズ

### 創作専科／カラペラピス
ラメのようなキラキラした素材を使用した紙で、鉱物的な輝きを表現しています。薄い紙なので、16折りの作品でも使えます。紺や茶色などの4色展開。

### 創作専科／レザック
古代日本風土の雰囲気を醸し出す素朴な肌触りが特徴。少し厚めなのでカッターナイフで切る作品で使用しています。淡い色をベースとした6色展開。

### 創作専科／ゴールデンリバー
薄手の皮しぼり模様のエンボス加工が特徴的な紙。少し厚めなので、カッターナイフで切る作品で使用しています。6色展開で赤や青、緑など明るい色もあります。

### 創作専科／コルキー
コルク調の素朴でナチュラルな風合いの紙。細かいエンボス加工により、暖かみのある柔らかい質感になっています。薄いベージュの3色展開なので、色をつける作品におすすめ。

### 創作専科／ビオトープ
クラフトパルプを使用した優しい風合いの紙。少し薄めなので、簡単な形状のものであれば、16折りの作品でも使用できます。深みのある6色展開で落ち着いた印象の作品になります。

### 創作専科／里紙
フェルトのような風合いの素材で、温もりのある肌触りの紙。クラフト紙に色をつけたような、落ち着いた色の6色展開。ナチュラルアンティークな作品に適しています。

## 切り紙用のハサミ

さまざまな種類があるハサミ。切り紙に特化したハサミもあります。

折り紙・クラフト用
### おりツール・はさみ
カーブ状の刃を組み合わせた特殊なハサミ。上刃と下刃の長さを変えることで生まれる「引き切り効果」で、先端部分まで鋭い切れ味をキープ。ハサミをあてたままの状態で方向転換がしやすい、切り紙のためのハサミです。

このページで紹介している商品の詳しい内容についてはホームページをご参照ください。

株式会社トーヨー http://www.kidstoyo.co.jp/

## 準備1
# 折り方

この本で使う折り方は8折りと16折りの2種類のみです。まずはこの2種類の折り方をおぼえておきましょう。

**1** 表を上にして2つ折りにします。

**2** さらに2つ折りにします。

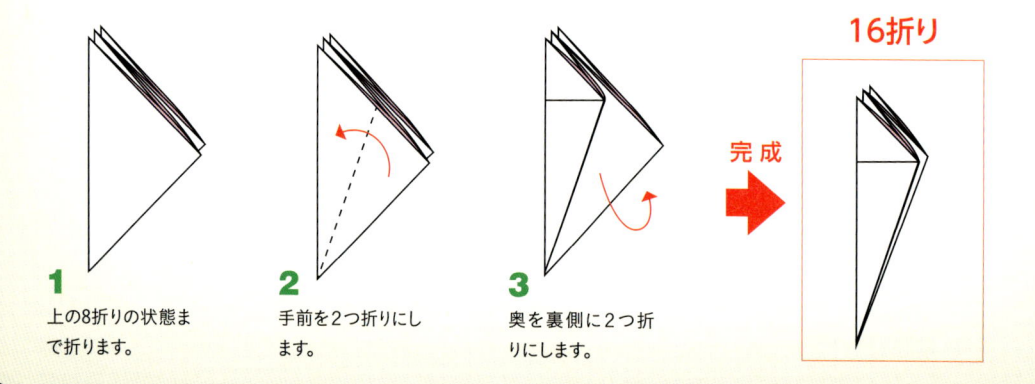

**3** 手前を2つ折りにします。

**4** さらに裏側に2つ折りにします。

完成 → **8折り**

**1** 上の8折りの状態まで折ります。

**2** 手前を2つ折りにします。

**3** 奥を裏側に2つ折りにします。

完成 → **16折り**

準備2
# 型紙の貼り方

弱粘着糊を使ったり、メンディングテープを使ったり、ホチキスを使ったり。型紙によって使い分けてください。

## 弱粘着糊で貼る

複雑な形状や細い形状の図案は、裏面に弱粘着糊をつけて、しっかり貼りましょう。弱粘着を使用すると、切った後でも、もう一度、型紙が使えることがあります。

弱粘着糊が残っている場合は、ラバークリーナーで糊をふきとります。

## メンディングテープで貼る

カッターナイフで切るタイプの作品に使うと便利です。型紙のぎりぎりのところまで切り、メンディングテープでまわりを貼り、しっかり固定します。

クリアファイルを使ってステンシルを作るときは、特にすべりやすく、弱粘着糊が使えないので、メンディングテープを使って貼るのがおすすめです。

## ホチキスでとめる

図案の余白の部分に余裕のあるものは、ホチキスで3ケ所くらいとめるのがおすすめ。一番簡単です。

図案の部分にかからないように注意しましょう。少し紙からはみ出てとめても構いません。

## 紙を固定するためにホチキスを使う

16折りの作品などでは、切っているうちに紙がずれてしまうことがあります。弱粘着糊で型紙を貼って、さらに1ケ所だけホチキスで固定すると切りやすくなります。

複雑な形状の場合は、多めにホチキスで固定しておくといいでしょう。

# 基本のテクニック1

## Chpter 1 + Chpter 3
# 折ってハサミで切る作品の作り方

おりがみを折り、ハサミで切る作品です。
手軽に作れるので、初めての人にもおすすめです。

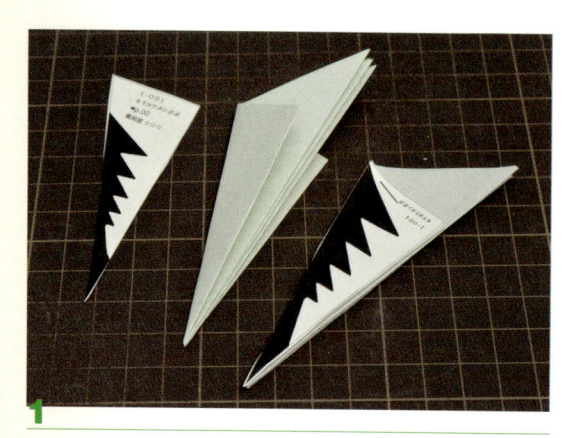

**1** p.10の「折り方」を参考におりがみを8折り、もしくは16折りにしてから、型紙を貼ります。

**2** 型紙に沿って、ハサミで切っていきます。

**3** 切り終わったら、型紙をはがし、折り畳んだ状態の切り紙を開きます。

**4** 切り終わった2〜4枚の切り紙を、p.16のいずれかの方法で重ねて貼り合わせて完成です。

# ハサミの使い方のコツ

16折りなど、折り重ねるごとに紙は厚くなり、切りにくくなっていきます。以下の方法を活用し、切りやすい方法で切り進めてください。

## ハサミを離さず方向転換

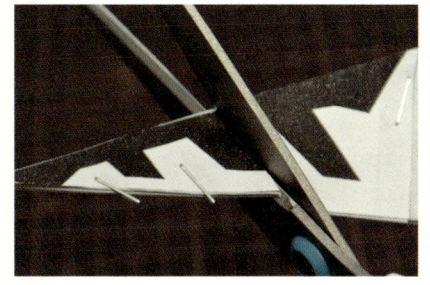

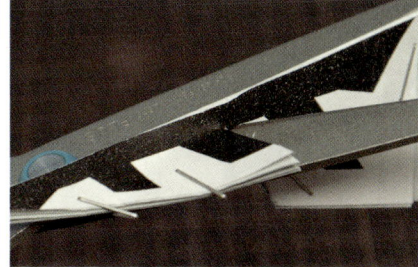

切っている途中で方向を変える際、ハサミを紙から離してしまうと、きれいに切れないことがあります。形状が複雑ではない図案の場合は、方向転換をする際、ハサミを紙から離さないようにしてください。

## 鋭角な部分は少しずつ

鋭角な切り込みがある図案の場合は、一気に切り落とすことができません。最初に鋭角なくぼみの部分まで切り込んだら、もう一方から切り込み、ひとつひとつ切り落としていきます。

## 邪魔な部分は先に切り落とす

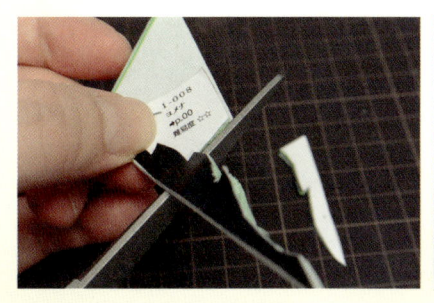

紙のいらない部分が邪魔になり、うまくハサミを動かせない場合は、邪魔になっている部分を切り落とします。ホチキスどめの場合、切り落として型紙の固定が外れないように注意。

基本のテクニック2

# Chpter 2
# カッターナイフで切る作品の作り方

複雑な図案はカッターナイフでカットします。
少し難易度が高いですが、ハサミで切るより細かく美しく仕上がります。

**1** p.11の「型紙の貼り方」のいずれかの方法で型紙を貼ります。しっかり貼りたい場合は、メンディングテープで貼るとずれません。

**2** カッターナイフで型紙に沿って、カットしていきます。

**3** 切り終わったら型紙を外します。

**4** 切り終わった2〜4枚の切り紙を、p.16のいずれかの方法で、重ねて貼り合わせて完成です。

# カッターナイフの使い方のコツ

使い慣れていないとハサミより使いにくいかもしれませんが、
コツをつかめば細かい部分まできれいに切れます。

### 鋭角なくぼみから外に切る

鋭角な部分は、くぼんでいる部分を始点に外に向かって切るようにします。

### 紙を回しながら切る

カッターではなく、紙を回しながら切ると、切りやすいです。右利きの場合は、右手前に切るように紙を回します。

### 中心から外に向かって切る

作品は放射状になっているので、中心から外に向かって切るときれいに切れます。

### 切れているか裏をみて確認

きちんと切れているかどうか、裏返して見てみましょう。切れていないところがよくわかります。

### 目打ちで穴をあける

鋭角な部分をうまく切れない場合は、くぼみの部分に軽く目打ちで穴をあけ、そこを始点にすると切りやすくなります。

# Technique
# 葉っぱを重ねてとめる方法

2〜4枚の切り紙を重ねて完成するロゼット切り紙。
固定したり動かしたり、好みの貼り合わせ方を選んでください。

## 糊付けでとめる方法

上になる切り紙の裏に糊を塗り、重ねて貼り合わせます。一般的な糊は紙がシワになりやすいので、テープ糊を使用することをおすすめします。

## 押しピンでとめる方法

壁などに飾る場合は、切り紙を重ねて中心に押しピンを刺します。軽く糊で仮どめしておくと、やりやすいです。押しピンはいろいろな種類があるので、作品に合わせて使い分けてみてください。

## 割ピンでとめる方法

切り紙の真ん中にカッターナイフで切り込みを入れます。そこに割ピンを差し込み、裏返して脚を開いて固定します。最近はボタンや花などかわった形状のものが販売されているので、いろいろ試してみてください。

## ホチキスでとめる方法

作品によっては、ホチキスでもとめることができます。ホチキスの針は、上からシールを貼って隠せばアクセントにもなります。

# Technique
# 色をつける方法

元の紙の色のままでもいいのですが、色をつけるとよりリアルな作品になります。スタンプ用のインクパッドを使えば簡単です。

## スポンジを使う方法

スタンプ用インクパッドとスポンジを使って色づけします。スポンジは、化粧用を使用。少しずつ色をつけてグラデーションになるようにすると、よりリアルな仕上がりに。

**1** 四角い形状のスポンジ（化粧用のスポンジなど）をちぎり、角のない自然な形状にします。

**2** ちぎったスポンジでスタンプ用のインクパッドをたたき、インクをつけていきます。

**3** 切り紙に色をつけていきます。スポンジでたたきながら、ぼかすように少しずつまわりから色をつけていきましょう。

**4** 2色以上を使い、色を重ねるようにしてなじませていくとさらに効果的です。

## スタンプパッドを使う方法

より濃く色をつけたいときのテクニック。色をつけたあとにスポンジでなじませるのがポイントです。

**1** 小型のインクパッドを切り紙に強く押しつけて色をつけていきます。

**2** インクパッドの角の部分が濃くなるので、この部分をぼかしていきます。

**3** スポンジでたたいて、全体をなじませぼかしていきます。

17

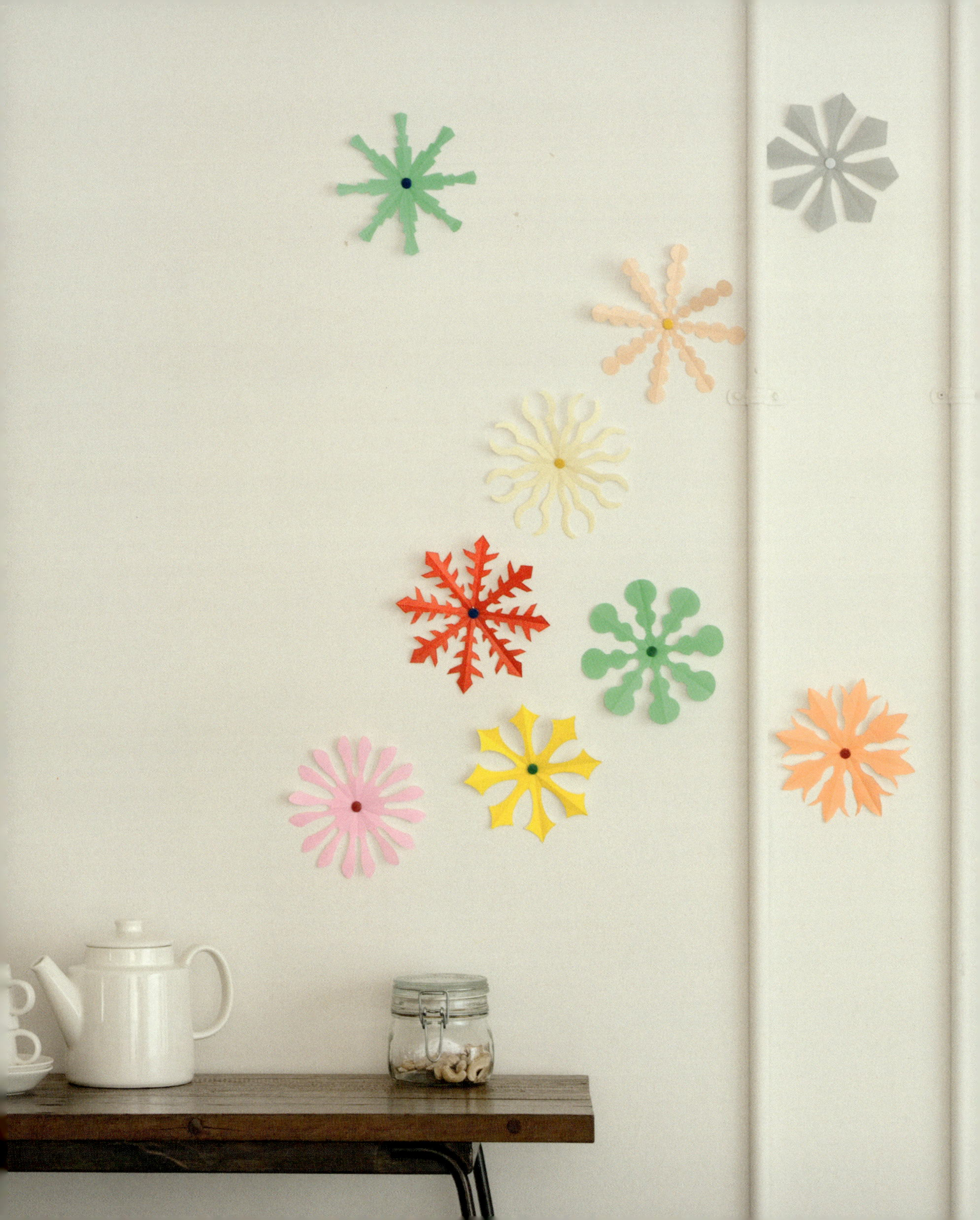

# Chapter 1

簡単バージョン

# ハサミで切るロゼット

おりがみを折ってハサミで切り、開いて重ねるだけで、簡単に切り紙が楽しめる作品です。実在するロゼット葉の形状を、ハサミで切れるように図案化しました。おりがみの色や素材の選び方でさまざまなバリエーションが楽しめます。

おりがみのカラフルな色で
楽しむ植物のモチーフ

## 1-001
### セイヨウタンポポ

型紙➡p.113

三角形のギザギザが特徴のタンポポ類を、おりがみを使いいろいろな色で作ってみました。ホチキスでとめた部分には、上から丸いシールを貼っています。

## 1-002

### オオアレチノグサ

型紙 ➡ p.113

ギザギザの細い葉が繊細なイメージのオオアレチノグサ。ギザギザの部分は、丁寧に切りましょう。カラフルな色を選べば華やかな雰囲気を演出できます。

## 1-003
### オニタビラコ

型紙➡p.113

柔らかな印象の葉の形状がかわいらしい。8折りで切るので、少し厚い紙の「タントカラーペーパー」で作りました。真ん中をボタン型の割ピンでとめています。

## 1-004
### オニノゲシ

型紙➡p.114

上のオニタビラコより葉が太め。ロゼット切り紙は放射状に葉が広がるので、グラデーションカラーのおりがみが効果的。この作品も、割ピンでとめています。

1-005

## ヒルザキツキミソウ

型紙 ➡ p.114

美しい葉の形状を活かすため、手前の2つは「カラペラピス」という特殊紙で作りました。キラキラ光る表面加工がされているので、上品な印象になります。

25

落ち着いた色の「ビオトープ」という紙で作りました。比較的薄い紙なので、16折りでも使用可能。ホチキスでとめて、針をシールで隠しています。

1-006

## ヒレアザミ

型紙➡p.114

1-007
ヨモギ
型紙➡p.114

かなり難易度が高い形状。その特徴的な図案が、アーティスティックな印象に。上と左は左ページと同様に「ビオトープ」を使い、右下はおりがみで作っています。

27

1-008

## ヨメナ

型紙 ➡ p.114

ゆるやかなラインの図案で、かわいらしい仕上がりに。淡い色の折り紙で作るときれいです。割ピンでとめています。

28

1-009

## ヒメムカシヨモギ

型紙➡p.114

葉先にボリュームがあるタイプの図案です。左手前は、クラフト系のおりがみにスタンプインクを使って色をつけています。

1-010

## ウラジロチチコグサ

型紙➡p.115

「タントカラーペーパー」を使った作品。葉の幅が広く色がつけやすいので、スタンプインクで色をつけてみてください。

# Arrangement Idea
# 01 タンポポオブジェ

ロゼットの葉に花を咲かせてみました。
並べて飾ると、お部屋が花壇のようになります。

部屋に飾るタンポポのオブジェ

## 用意するもの

1-001セイヨウタンポポの切り紙
タントカラーペーパー
カッターナイフ
テープ糊
メンディングテープ

**1** p.31の型紙を使い、緑と黄色のタント紙に弱粘着糊で貼ります。

**2** 型紙に沿って、デザインナイフでカットしていきます。

**3** カットしたタンポポの花びらと茎のパーツ。

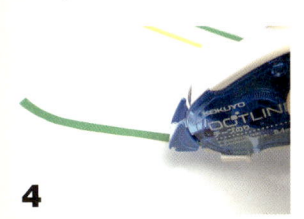

**4** 糊を塗り、2つのパーツを貼り合わせます。

**5** 黄色Aの上に緑Aを、黄色Bの上に緑Bを貼り合わせます。

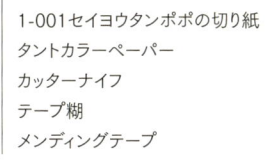

**6** 1-001セイヨウタンポポの型紙で作った切り紙の中心を糊で貼り合わせます。

**7** 真ん中にデザインナイフで切り込みを入れます。

**8** 5でできたパーツを差し込みます。

**9** 差し込んだパーツを裏で折り、メンディングテープなどで貼ります。

**完成**

### タンポポ型紙

黄色A
緑A
黄色B
緑B

1-011

## キツネアザミ

型紙 ➡ p.115

複雑な形状の図案ですが、8折りなので、比較的切りやすいです。手前の2つは「ゴールデンリバー」というエンボスが美しい紙を使っています。

8折りの型紙を4枚使って作ります。写真ではグラデーションカラーの折り紙を使用。同じ形状の葉を2枚ずつ作るので、2色にしたり4枚それぞれ違う色にするとカラフルに。

1-012

### ナズナ

型紙 ➡ p.116

33

1-013

## キュウリグサ

型紙 ➡ p.116

ポップな葉の形状をしているキュウリグサ。緑の葉を再現してもかわいいですが、カラフルな色で作るとデザイン性が引き立ちます。写真はおりがみで作っています。

1-014

## ノアザミ

型紙 ➡ p.117

複雑な形状の葉なので、ゆっくり丁寧に切りましょう。8折りの型紙を使いますが、おりがみなど薄い紙が作りやすくおすすめです。写真ではコルクボードに押しピンでとめています。

1-015

## ハルジオン

型紙 ➡ p.117

16折りの型紙を3枚使用する、少しボリュームのある図案です。グラデーションカラーのおりがみを使うと3段階のグラデーションが楽しめます。

1-016

## ショウジョウバカマ

型紙 ➡ p.117

16折りの型紙3枚を使用しますが、曲線が少ないので作りやすい作品です。葉の幅が広いのでグラデーションカラーのおりがみが似合います。

## 1-017
### スカシタゴボウ

型紙 ➡ p.118

8折りの型紙を2枚ずつ、計4枚使います。2色で表現してもよし、一番上のように4枚バラバラの色にしてもよし。落ち着いた色を選べばシックな雰囲気に。キラキラした表面加工が美しい「カラペラピス」を使用しています。

1-018

## ヒメジョオン

型紙➡p.118

8折りと16折りの型紙の組み合わせで、3枚重ねて作る作品です。おりがみより少し厚めの「ビオトープ」で作り、ボリューム感を出しました。

1-019

ヘラオオバコ

➡p.119

8折りの型紙を3枚重ねるタイプの作品。写真は厚めの「タントカラーペーパー」で作り、スタンプインクで色をつけています。

1-020

イヌガシラ

型紙➡p.119

8折りの型紙を3枚重ねて作ります。先で三角形になった葉が特徴的。右のようにスタンプインクで色をつけると、よりリアルになります。

# Arrangement Idea
# 02 ロゼットブローチ

ロゼットには"花形装飾"や"勲章"の意味もあります。
ロゼット切り紙で作る色彩やかなブローチを楽しんでみてください。

お祝い事やお誕生日会に

**用意するもの**
お好みのロゼット切り紙
タントカラーペーパー
厚紙
適度な大きさの丸い缶や瓶
ホチキス
ハサミ
テープ糊
安全ピン
シールまたはメンディングテープ

**1**
コースターなど厚紙と、缶や瓶など適当な大きさの丸形を用意。

**2**
コースターに缶をあて、底にボールペンなどで丸く線をひきます。

**3**
書いた線に沿って、ハサミでカットします。

**4**
お好みのロゼット切り紙の真ん中に**3**を貼ります。

**5**
お好みの紙を2枚以上用意し、リボン状にカットします。

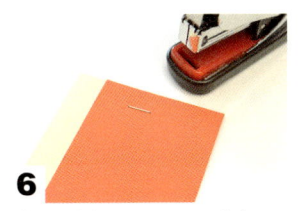

**6**
2枚の上部をホチキスでとめます。

**7**
**4**の裏に糊で貼ります。

**8**
さらに安全ピンをシールやメンディングテープで貼ります。

完成

41

1-021

## タネツケバナ

型紙➡p.120

細かい形状で、難易度が高い図案。小さな葉がたくさん並ぶので、とてもかわいらしい作品になります。グラデーションカラーのおりがみを使い、すべての紙の色を変えると華やかなグラデーションになります。

1-022

## オオバコ

型紙 ➡ p.120

8折りタイプの型紙なので、「タントカラーペーパー」など、少し厚めの紙も使用できます。写真は真ん中をホチキスでとめて、シールを貼って隠しています。

43

1-023

## コマツヨイグサ

型紙➡p.121

8折りタイプの型紙を4枚使います。異なる色を4枚組み合わせたり、少しずつグラデーションにしたり、色の選び方を楽しんで。

44

16折りタイプの型紙を4枚使います。形状が単純なので初めての人向き。幅広の葉なので、表情が出やすい「グラデーションカラー」を使いました。

**1-024**

## メマツヨイグサ

型紙 ➡ p.121

**1-025**

## ニワゼキショウ

型紙 ➡ p.121

16折りタイプの型紙を使用しています。薄い特殊紙の「ビオトープ」で、渋いカラーのロゼットに。曲線は少ないですが、細くて繊細なので注意して切りましょう。

45

## 1-026
### ユウゲショウ

型紙 ➡ p.122

8折りタイプの型紙を4枚組み合わせます。丸みをおびた葉の形状がなんともかわいい。黄色やオレンジなど明るい色を使うと、また違うイメージになります。

## 1-027
### イヌナズナ
型紙➡p.122

ゆるいギザギザがあるので、少し手間がかかります。写真は「グラデーションカラー」のおりがみで作り、壁に押しピンで固定しています。

## 1-028
### セイタカアワダチソウ
型紙➡p.122

作りやすい簡単な形状。葉の細いタイプは、重ねても下の葉がよく見えるので、完成した形を思い描きながら色を選んでみましょう。

47

1-029

## ノゲシ

型紙 ➡ p.123

一見、難しそうに見えますが8折りタイプの型紙を3枚組み合わせて作るので、実は切りやすいタイプです。写真の上2つは、「ビオトープ」で作った作品にスタンプインクで色をつけています。

1-030

## ブタナ

型紙 ➡ p.123

ぽってりとした葉の形状がかわいらしいイメージ。3枚重ねるタイプです。同系色のおりがみで作るとグラフィカルになり、お部屋に飾るととても華やか。写真は壁に押しピンで固定しています。

49

Arrangement Idea
# 03 フェルトロゼット

ロゼット切り紙を作り、それを型紙にして、フェルト素材で作ります。
フェルト素材のやわらかいロゼットは、飾ったりコースターにして楽しんで。

壁に飾ったり、コースターにしたり

**用意するもの**
お好みのロゼット切り紙
フェルト
油性ペン
ハサミ

**1**
お好みのロゼット切り紙とフェルトを用意します。

**2**
フェルトの上に型紙をのせ、油性ペンでなぞります。

**3**
なぞった線をハサミでカットしていきます。

**完成**

窓の光に透けて
美しく色づく
セロハンのロゼット

# Column
## 窓に貼る

カラーセロハンで作りガラスに貼ってみました。光に透かすときれいに発色するので、窓など透明な場所に貼るのがおすすめです。

# Chapter 2

複雑バージョン

# カッターナイフで切るロゼット

複雑な形状のロゼットを図案化したバージョン。切るのに少し手間がかかりますが、美しく仕上がります。カッターナイフで切るため、厚手の紙でも作れますので、いろいろな紙で挑戦してみてください。

紙の素材や色を変えて並べれば、
まるでロゼットのミュージアム

54

55

2-001

## セイヨウタンポポ

型紙 ➡ p.124

100色展開している「タントカラーペーパー」。微妙な色の違いが表現でき、同じ緑でも、印象の異なる作品が作れます。タンポポはギザギザが多いので時間がかかりますが、根気よく切りましょう。

2-002
## オオアレチノグサ

型紙 ➔ p.124

風車のような形状の葉がかわいらしい、オオアレチノグサ。写真はエンボス加工が施された「レザック」という紙を使用しています。

葉先の三角形のような形状が特徴。柔らかいイメージをひきたてるために、「クレープコレクション」という、シワのような加工が施された紙を使用しています。糊がつきにくい紙なので、ホチキスでとめて、丸いシールで隠しています。

2-003

## オニタビラコ

型紙 ➡ p.125

2-004

## オニノゲシ

型紙➡p.125

タンポポのような黄色の花を咲かせるオニノゲシの葉は、均等に広がる美しさが特徴。「ビオトープ」を使用し、割ピンでとめています。

## 2-005
### ヒルザキツキミソウ

型紙 ➡ p.126

はっきりした葉の形状が、グラフィカルな印象。左は「ビオトープ」という特殊紙を使用し、右はコルク状の表面加工を施した「コルキー」という特殊紙を使用しています。

## 2-006
### ヨメナ

型紙 ➡ p.126

葉の数が少なく、風車のような形状のヨメナ。左は「コルキー」にスタンプインクで色をつけ、右は「クレープコレクション」というシワ加工をした柔らかい紙で作り、真ん中を割ピンでとめています。

2-007

## ナズナ

型紙 ➡ p.127

3枚重ねるタイプ。上は同系色の「コルキー」で作り、下はさらにスタンプインクで色をつけています。インクの色に変化をつけるとかわいらしくなります。

61

2-008

## ヒメムカシヨモギ

型紙➡p.127

へら型の葉が個性的なヒメムカシヨモギには、カラフルな紙色が似合います。写真では「ゴールデンリバー」を使用。特徴あるエンボスと色を楽しんでください。

素朴な葉の形状がユニークなブタナ。3枚を重ねるので、色選びにもひと工夫を。上は「タントカラーペーパー」を、下は「ビオトープ」を使用しています。

2-009

## ブタナ

型紙 ➡ p.128

Arrangement Idea
# 04 ウォールステッカー

壁に貼って楽しむウォールステッカーは、部屋の模様替えにも役に立つアイテム。
重ねて貼って並べれば、かわいい部屋に早変わり。

壁や窓にロゼットを貼れば
部屋が明るい印象に

**用意するもの**
お好みのロゼットの型紙
カッティングシート
カッターナイフ
メンディングテープ

**1**
お好みの型紙をカッティングシートに貼ります。

**2**
型紙に沿ってカットしていきます。

**3**
カットできたら、シートの裏の剥離紙をはがして壁に貼りましょう。

完成

65

2-010

## ノアザミ

型紙➡p.128

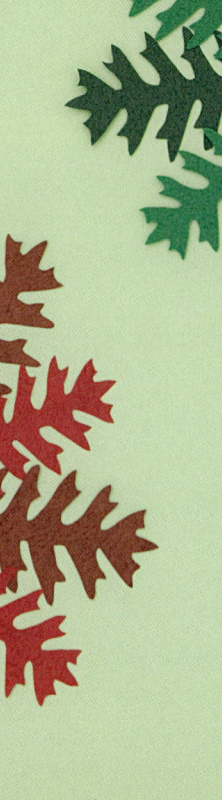

図案が細かく難易度は高いですが、できあがった形はなんとも美しい。上2つは「タントカラーペーパー」を、一番下は「ゴールデンリバー」で作っています。

## 2-011
### ハルジオン
型紙➡p.129

シンプルですが、大きさの異なる葉の重なりが美しいタイプです。「クレープコレクション」を使用して、やわらかいイメージに。

## 2-012
### キュウリグサ
型紙➡p.129

葉の形状がとてもポップなキュウリグサ。上は「タントカラーペーパー」、左は「ゴールデンリバー」、右は「レザック」を使用しています。

67

### 2-013
### ヒレアザミ

型紙 ➡ p.130

葉の切れ込みが多いので切るのに時間がかかりますが、根気よく切りましょう。「タントカラーペーパー」で作り、手前はスタンプインクで色をつけています。

### 2-014
### ウラジロチチコグサ

型紙 ➡ p.130

幅広の葉で単純な形状をしている、作りやすい図案です。「コルキー」という紙を使用し、手前はスタンプインクで色をつけています。

68

## 2-015
## ヨモギ

型紙 ➡ p.131

繊細な形状の葉なので、茎の細い部分に注意して慎重に切りましょう。上は「レザック」というエンボス加工された特殊紙を、下は「タントカラーペーパー」を使用しています。

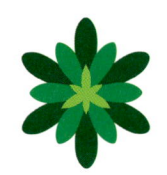

### 2-016
### ヘラオオバコ

型紙 ➡ p.131

幅の広い形状の葉は色をつけやすいので、スタンプインクでグラデーション状に色をつけてみましょう。ベースになる紙は、「タントカラーペーパー」のようなザラザラした紙がおすすめです。

### 2-017
### オオバコ

型紙 ➡ p.132

道端でよくみかけるおなじみの雑草も、図案化すると、とてもかわいらしくなります。写真はフェルトのような風合いの「里紙」という紙を使用して作っています。ナチュラルカラーの紙が似合う図案です。

70

2-018

## キツネアザミ

型紙➡p.132

葉の形状が複雑で難易度は高め。ですが仕上がりが美しく、飾ったときに映える作品です。「タントカラーペーパー」を使用して作りました。

71

## 2-019

### スカシタゴボウ

型紙 ➡ p.133

葉の切れ込みが多い図案は単体でも、いくつか並べても見映えがします。「タントカラーペーパー」でカラフルな作品を作り、いろいろな飾り方を試してみてください。

## 2-020
### ヒメジョオン

型紙 ➡ p.133

ボリューム感のある形状で、飾ったときにインパクトがあります。あえて落ち着いた色の「里紙」を使い、ナチュラルな印象のロゼットに。コルクボードに押しピンで固定して飾っても。

## 2-021
### イヌガシラ

型紙 ➡ p.134

個性的な葉の形状。仕上がりの形も美しいロゼットは「タントカラーペーパー」で作りました。系統の違う色の紙を組み合わせれば、華やかな雰囲気に。

Arrangement Idea

# 05 アイロンプリント

アイロンプリントシートを使い、布製品にロゼットをプリント。
カバンやシャツにロゼットを咲かせましょう。

小さめロゼットで
かばんにワンポイント

**用意するもの**

お好みのロゼットの型紙
アイロンプリントシート
アイロン
カッターナイフ
メンディングテープ

**1**
アイロンプリントシートの裏に、お好みの型紙を貼ります。

**2**
型紙に沿ってカットしていきます。

**3**
カットしたアイロンプリントシート。

**4**
貼る位置を確認します。

**5**
クッキングシートをのせ、その上からアイロンをかけます。

**6**
2色目を重ねて、アイロンをかけます。

完成

75

## 2-022
### ショウジョウバカマ
型紙➡p.134

風車形の形状の図案。「レザック」というエンボス加工された紙を使っています。カラフルで、落ち着いた色が似合います。

## 2-023
### メマツヨイグサ
型紙➡p.135

はっきりした形状の図案が、はっきりした色の「カラータントペーパー」によく合います。3枚重ねるタイプなので、グラデーションになるように色を選ぶと美しくおさまります。

76

2-024

ノゲシ

型紙 ➡ p.135

個性的な形状に負けない、「ゴールデンリバー」というエンボス加工した特殊紙を使用。大胆な色の組み合わせも、違和感なくまとまります。

2-025

イヌナズナ

型紙 ➡ p.136

インパクトのある形状の図案に、あえて落ち着いた色の紙を組み合わせてみました。中央は「里紙」を、下の2作品は「ビオトープ」を使用。真ん中を押しピンで固定しています。

77

とても難易度の高い図案。根気よく時間をかけて切りましょう。細かい仕上がりの作品なので、華奢な印象の淡い色の紙がよく似合います。

2-026

タネツケバナ

型紙 ➡ p.136

## 2-027
### ニワゼキショウ

型紙➡p.137

細い葉が繊細な図案。色の組み合わせ次第で、さまざまな表情が楽しめます。中央は「タントカラーペーパー」、下の2作品は「ビオトープ」で作っています。

## 2-028
### コマツヨイグサ

型紙➡p.137

雪の結晶を思わせる細かな図案で、とても美しく仕上がる作品です。写真は「コルキー」と「タントカラーペーパー」で作っています。

79

2-029
## セイタカアワダチソウ

型紙➡p.138

風に揺らめくような柔らかな葉がかわいらしい図案です。写真は「ゴールデンリバー」という紙を使用。真ん中を割ピンで固定しています。

2-030

## ユウゲショウ

型紙➡p.138

規則的なパターンの形状で、飾ると映えるデザインです。難易度が高めの図案なので、時間をかけて作ってください。淡い色も素敵です。

81

Arrangement Idea
# 06 ステンシル

ステンシルシートを使えば、いろいろなものにロゼット柄をペイントできます。
紙や木、布など、お気に入りのアイテムにもロゼット葉モチーフを。

木の板や箱にステンシルしてワンポイントに

**用意するもの**
お好みのロゼットの型紙
クリアファイル
カッターナイフ
メンディングテープ
スポンジ

アクリル絵の具
絵皿

**1**
お好みの型紙とクリアファイルを用意します。

**2**
型紙を貼って、デザインナイフでカットしていきます。

**3**
カットした、中の部分を抜きます。中の部分は再利用します（p.84参照）。

**4**
アイテムの上に**3**をのせ、アクリル絵の具を絵皿にだします。

**5**
スポンジに絵の具をつけて、**4**の上から叩くように色をつけます。

**6**
1つめのロゼットのステンシルができたら、乾くまで待ちます。

**7**
乾いたらもう1つのステンシルを重ね、同じように色をつけます。

**完成**

83

風にゆらめく
雪の結晶のような
ロゼットのガーランド

## Column
### ひもで吊す

p.82で作ったステンシルのあまった部分で作るガーランド。色つきのクリアファイルを使うと、色のバリエーションも楽しめます。

**1**
p.83のステンシルの工程でできた、クリアファイルで作ったロゼット切り紙と接着剤、刺繍糸を用意します。

**2**
刺繍糸を接着剤で繋いでいけば、簡単ガーランドのできあがり。

# Chapter 3

オリジナルバージョン

## 幾何学模様のロゼット

オリジナルの幾何学模様で、ロゼット切り紙を作りました。1枚で使っても、何枚か重ねても。貼ったり、吊したり、アイデア次第で使い道は無限に広がります。60種類の図案があるので、いろいろな組み合わせを楽しんでみてください。

形のバリエーションが豊富なオリジナル柄
カラフルに広がるロゼットの世界

3-001
型紙 ➡ p.139

3-002
型紙 ➡ p.139

3-003
型紙 ➡ p.139

鋭角の切り込みがクールな印象の図案は、鮮やかな色のおりがみが似合います。同じような形状を重ねても、素敵に演出できます。

88

3-004
型紙➡p.139

3-005
型紙➡p.139

3-006
型紙➡p.139

四角だったり、鋭角だったり、切り込み部分に少しずつ変化をつけた図案です。さまざまなカラーバリエーションを楽しんでみてください。

89

雪の結晶のような図案ですが、濃い渋めの色で作ると落ち着いた雰囲気に。写真はすべて「ビオトープ」で作っています。

3-007
型紙 ➡ p.139

3-008
型紙 ➡ p.139

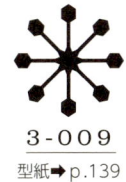

分子構造図のようなかわいらしい幾何学模様の図案。カラフルな紙で作り部屋に飾れば、ポップな雰囲気を演出してくれそう。

3-009
型紙 ➡ p.139

花びらのような形状と、丸い
触手のような形状の図案。
グラデーションカラーのおり
がみを使うと、かわいらしい。

92

3-010
型紙 ➡ p.139

3-011
型紙 ➡ p.139

3-012
型紙 ➡ p.139

3-013
型紙 ➡ p.140

3-014
型紙 ➡ p.140

角張った矢印のような形と丸みをおびた矢印のような形がメカニカルな雰囲気。グラデーションカラーのおりがみで作りました。

93

3-015
型紙➡p.140

3-016
型紙➡p.140

カエルの体や手のような形を図案にした、変わり種のロゼットです。部屋に飾って、いろいろなイメージをふくらませてみてください。

3-017
型紙➡p.140

3-018
型紙➡p.140

木の枝をイメージした図案。渋めの色が似合いそうなので、「ビオトープ」という特殊紙で作りました。

3-019
型紙➡p.140

3-020
型紙➡p.140

3-021
型紙➡p.140

矢印タイプと花びらタイプ。それぞれ、自由に組み合わせて楽しんでみてください。他の図案と組合わせると違ったイメージの作品になります。

95

## Arrangement Idea
# 07 ステンドグラス

透明のカラーセロハンを使ったステンドグラス。
100円ショップで手に入るフォトフレームにはめれば簡単にできあがります。

窓際に飾ってカラフルな光を楽しむ

### 用意するもの
お好みのロゼット切り紙（カラーセロハンで作ったもの）
フォトフレーム
透明のプラ板
糊
カッターナイフ

**1** カラーセロファンでお好みのロゼット切り紙を数点作ります。

**2** 透明のプラ板とフォトフレームを用意。今回はB6サイズのものを使用。

**3** フォトフレームのガラス板に合わせて、ロゼット切り紙を並べます。

**4** 位置が決まったら、ガラス板の端の目立たないところに糊を塗り、ずれない程度に切り紙を貼ります。

**5** ガラス板を上にして、はみ出たところをカットしていきます。

**6** 5を裏返し、プラ板を重ねます。フレームにはめて固定して完成。

**7** フレームの留め具は、写真のように自由度があるものがおすすめです。

完成

97

丸みをおびた形状が、なんだかゆるい雰囲気のロゼット。ユーモラスな形状で、見ているだけで笑顔になります。

3-022
型紙 ➡ p.140

3-023
型紙 ➡ p.140

3-024
型紙 ➡ p.140

98

3-025
型紙➡p.141

3-026
型紙➡p.141

角張った模様のロゼット。淡いグラデーションカラーのおりがみを使うと、花火のようにも見えてきます。

トゲのような形状のロゼットは、色や重ね方次第でエレガントな雰囲気にも。

3-027
型紙➡p.141

3-028
型紙➡p.141

3-029
型紙➡p.141

99

3-030
型紙 ➡ p.141

3-031
型紙 ➡ p.141

3-032
型紙 ➡ p.141

植物のような、動物のようなヘンテコな図案。カラフルなおりがみで作るとさらにポップな印象に。

3-033
型紙➡p.141

3-034
型紙➡p.141

渋めの色の「ビオトープ」で作った、ゴツゴツした印象の矢印タイプの図案です。部屋をハードに演出したいときに活躍しそう。

3-035
型紙➡p.141

3-036
型紙➡p.141

イカやイソギンチャクを思わせる、ユーモラスな図案です。ロゼットの新しい組み合わせに加えてみては?

101

3-037
型紙➡p.142

3-038
型紙➡p.142

3-039
型紙➡p.142

象形文字のような、イメージのふくらむ図案です。遊び心たっぷりですが、色や飾り方次第ではグラフィカルになります。

102

3-040
型紙➡p.142

3-041
型紙➡p.142

3-043
型紙➡p.142

3-042
型紙➡p.142

3-044
型紙➡p.142

剣の刃をイメージした図案。シンプルな形状なので、初めての人にもおすすめです。

103

# Arrangement Idea
# 08 ガーランド

ロゼット切り紙同士をハトメで繋いでガーランドに。
畳んで収納もできるので、封筒に入れて郵送することも。

パーティやイベントの飾り付けに

### 用意するもの

お好みのロゼット切り紙
ハトメパンチ（穴あけパンチがついたもの）
ハトメ

**1** タントカラーペーパーなど厚めの紙で作ったロゼットを多めに用意する。

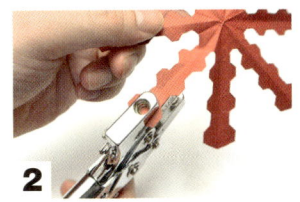

**2** 切り紙の端にハトメパンチで穴をあけていきます。

**3** すべての切り紙に穴をあけていきます。

**4** あけた穴を重ね、ハトメを差し込みます。

**5** ハトメパンチでハトメを潰して固定します。潰しすぎに注意。

**6** ハトメでつないでいきます。

**7** 折り畳んだ状態。

完成

3-045
型紙➡p.142

3-046
型紙➡p.142

丸をつなぎ合わせた図案。丸みがあるので部屋が和みます。小さい形状のものは、切りにくいのでゆっくり丁寧に切りましょう。

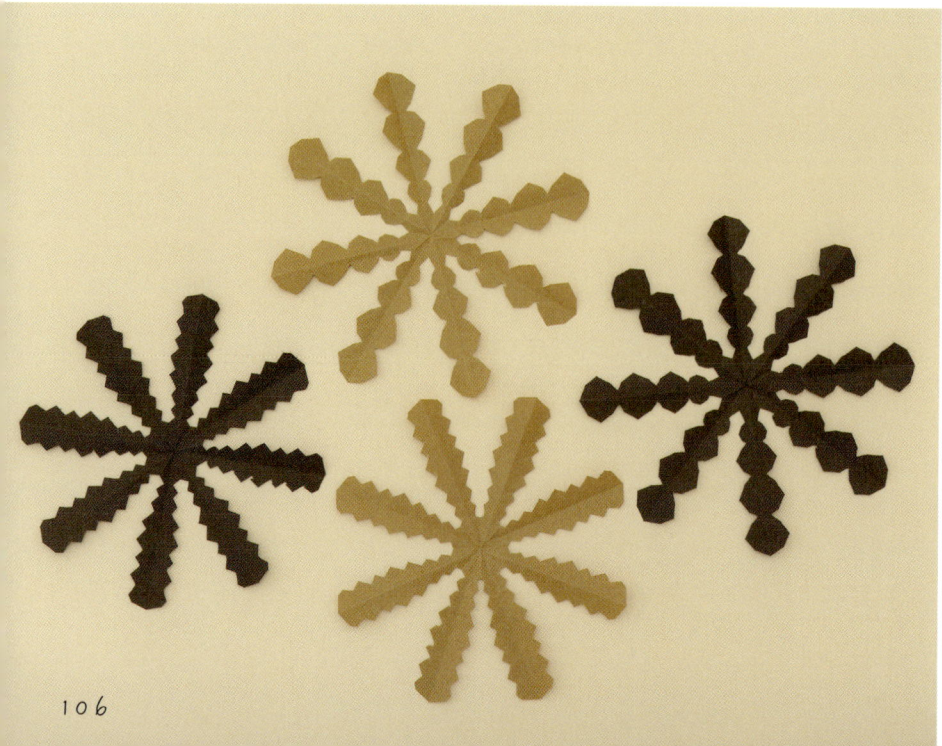

3-047
型紙➡p.142

3-048
型紙➡p.142

上の作品のデザインを少し角張らせたもの。茶色系で渋めの色でまとめました。

3-049　3-050
型紙➡p.143　型紙➡p.143

タンポポの葉のような形状です。細めのギザギザした図案をグラデーションカラーで作ると、花火や風車のようにも見えてきます。

3-051　3-052
型紙➡p.143　型紙➡p.143

ギザギザの形状を、細くしたり太らせたバリエーション。切り込みが多いと大変ですが、リズムよく楽しんで切ってください。

### 3-053
型紙 ➡ p.143

葉の形を自由にイメージした図案です。子どもにも喜ばれそう。

### 3-054
型紙 ➡ p.143

チューリップのようなかわいらしい形の図案。単体でも見映えがいいので、カラフルな色で作って、お部屋に飾ってみてください。

3-055
型紙➡p.143

3-056
型紙➡p.143

3-057
型紙➡p.143

蔓や草をイメージした、古風な印象の図案。細い形状は、いろいろな図案と重ねることで楽しみが広がります。

3-058
型紙➡p.143

3-059
型紙➡p.143

3-060
型紙➡p.143

切り込みが浅い図案。作りやすいので、たくさん作って並べてみてください。

Arrangement Idea
# 09 オーナメント

リボンをつけて、引っかけてぶら下げられる
オーナメントにしてみました。イベントやパーティの飾り付けに。

壁や窓、観葉植物にぶら下げて飾って

**用意するもの**

お好みのロゼット切り紙
リボン
シール
接着剤

**1**

お好きなロゼット切り紙を用意。重ねたものでもOK。

**2**

リボンを適当な長さにカットします。

**3**

裏側に接着剤をつけ、リボンを貼り、乾燥したら、上からシールを貼ります。

完成

カラフルなロゼットを
押しピンで飾ると
壁に花が咲いたよう

# Column
## 壁に貼る

完成した作品を押しピンで壁に刺して飾ってみましょう。幾何学模様の図案で作るカラフルなロゼットは、壁に花が咲いたように華やかになります。

# 型紙図案集

**Chapter 1**
「ハサミで切る ロゼット」の型紙

**Chapter 2**
「カッターナイフで切る ロゼット」の型紙

**Chapter 3**
「幾何学模様のロゼット」の型紙

これらの型紙図案をコピーして使用してください。

1-001
セイヨウタンポポ
➡p.22
難易度 ★☆☆

1-002
オオアレチノグサ
➡p.23
難易度 ★☆☆

1-003
オニタビラコ
➡p.24
難易度 ★★☆

1-001
セイヨウタンポポ

1-002
オオアレチノグサ

1-003
オニタビラコ

113

## 1-004
オニノゲシ
➡p.24
難易度 ☆☆

## 1-005
ヒルザキツキミソウ
➡p.25
難易度 ☆☆☆

## 1-006
ヒレアザミ
➡p.26
難易度 ☆☆☆☆

1-004
オニノゲシ

1-005
ヒルザキツキミソウ

1-006
ヒレアザミ

## 1-007
ヨモギ
➡p.27
難易度 ☆☆☆☆☆

## 1-008
ヨメナ
➡p.28
難易度 ☆☆☆

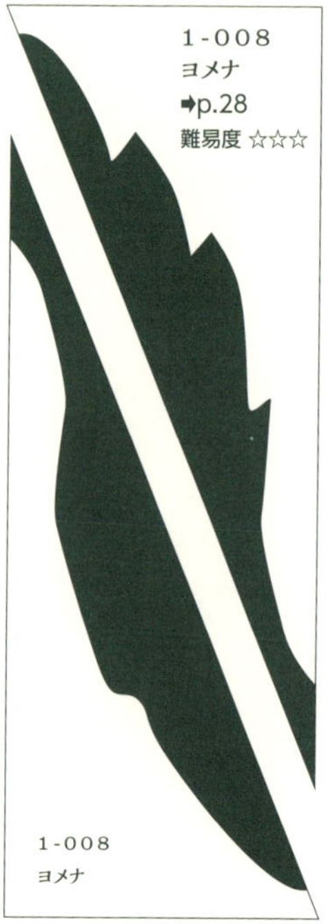

## 1-009
ヒメムカシヨモギ
➡p.29
難易度 ☆☆☆

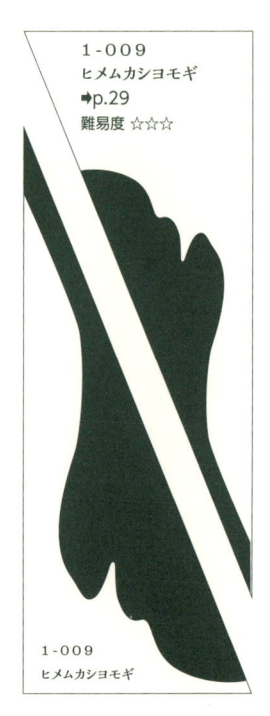

1-007
ヨモギ

1-008
ヨメナ

1-009
ヒメムカシヨモギ

1-010
ウラジロチチコグサ
➡p.29
難易度 ☆

1-010
ウラジロチチコグサ

1-010
ウラジロチチコグサ

1-011
キツネアザミ
➡p.32
難易度 ☆☆☆☆

1-011
キツネアザミ

1-011
キツネアザミ

1-012
ナズナ
➡p.33
難易度 ☆☆☆☆

1-012
ナズナ

1-012
ナズナ

1-012
ナズナ

1-013
キュウリグサ
➡p.34
難易度 ☆☆

1-013
キュウリグサ

1-013
キュウリグサ

1-014
ノアザミ
➡p.35
難易度 ☆☆☆☆☆

1-015
ハルジオン
➡p.36
難易度 ☆☆

1-014
ノアザミ

1-015
ハルジオン

1-015
ハルジオン

1-014
ノアザミ

1-014
ノアザミ

1-016
ショウジョウバカマ
➡p.36
難易度 ☆

1-016
ショウジョウバカマ

1-016
ショウジョウバカマ

1-017
スカシタゴボウ
➡p.37
難易度 ☆☆☆☆☆

1-017
スカシタゴボウ

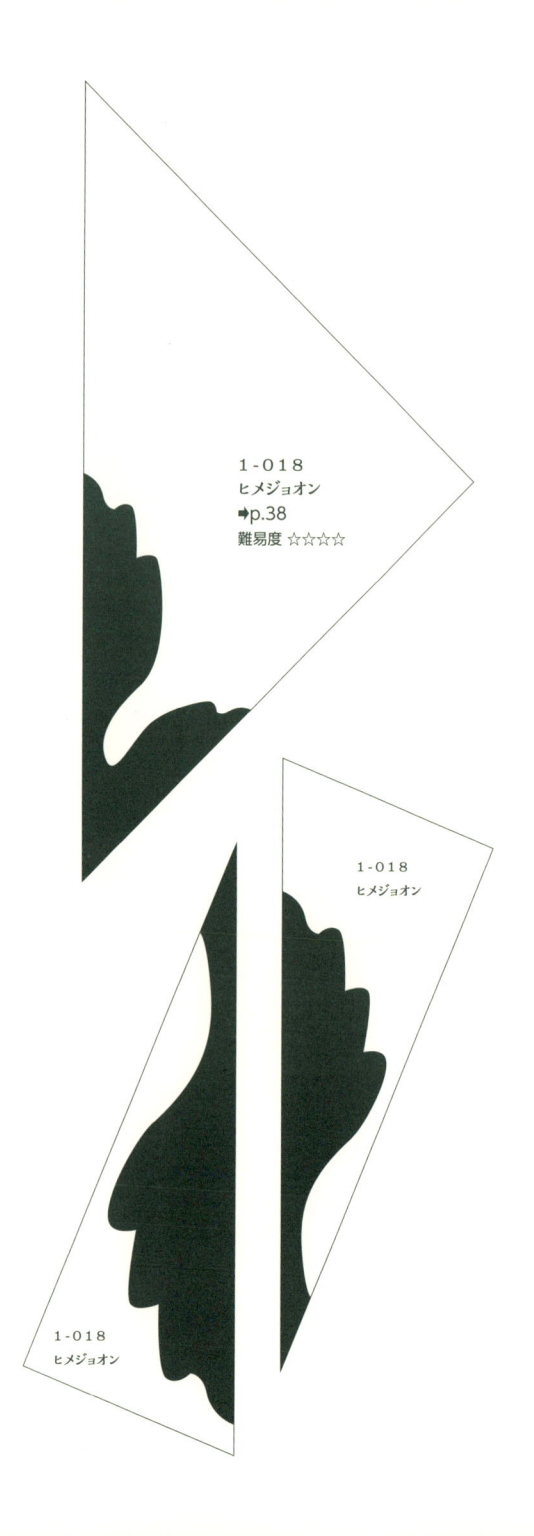

1-018
ヒメジョオン
➡p.38
難易度 ☆☆☆☆

1-017
スカシタゴボウ

1-017
スカシタゴボウ

1-018
ヒメジョオン

1-018
ヒメジョオン

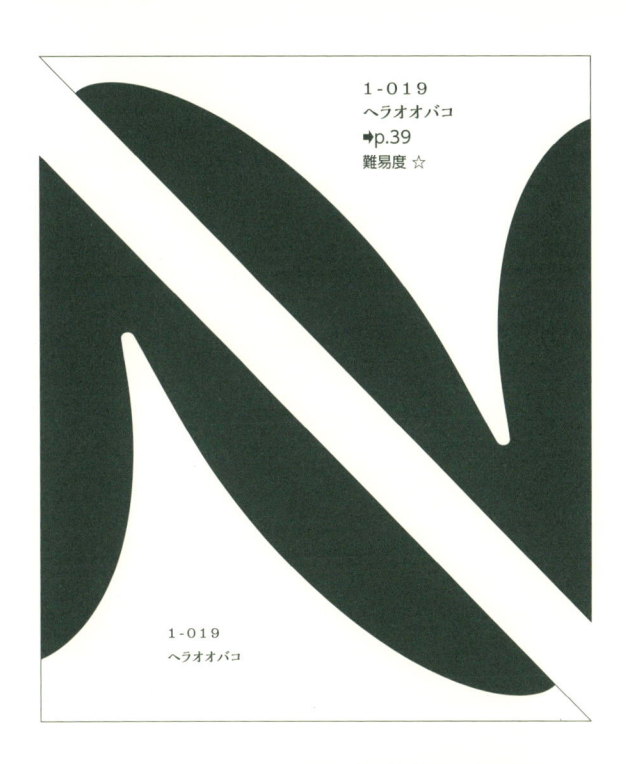

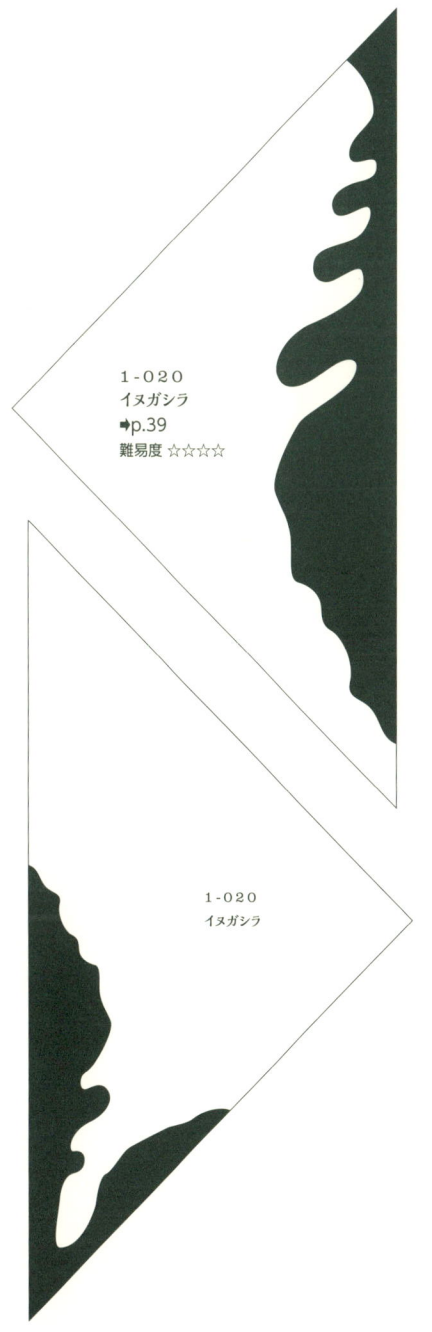

1-019
ヘラオオバコ
➡p.39
難易度 ☆

1-019
ヘラオオバコ

1-019
ヘラオオバコ

1-020
イヌガシラ
➡p.39
難易度 ☆☆☆☆

1-020
イヌガシラ

1-020
イヌガシラ

1-021
タネツケバナ
➡p.42
難易度 ☆☆☆☆☆

1-021
タネツケバナ

1-022
オオバコ
➡p.43
難易度 ☆

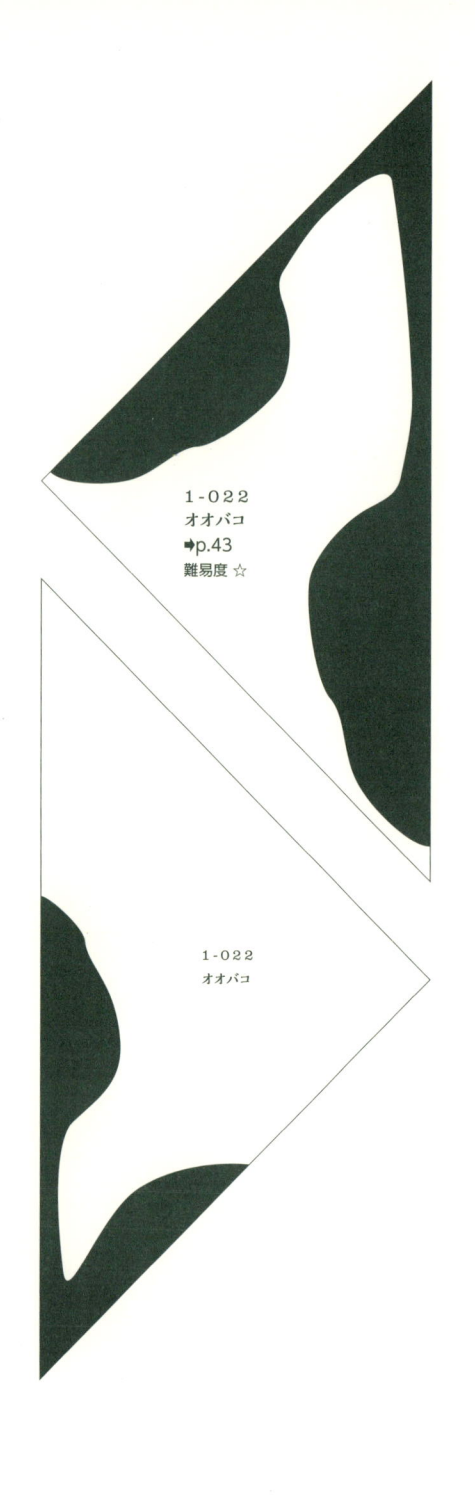

1-021
タネツケバナ

1-021
タネツケバナ

1-022
オオバコ

120

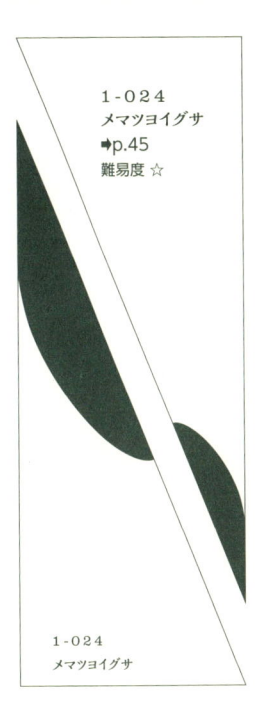

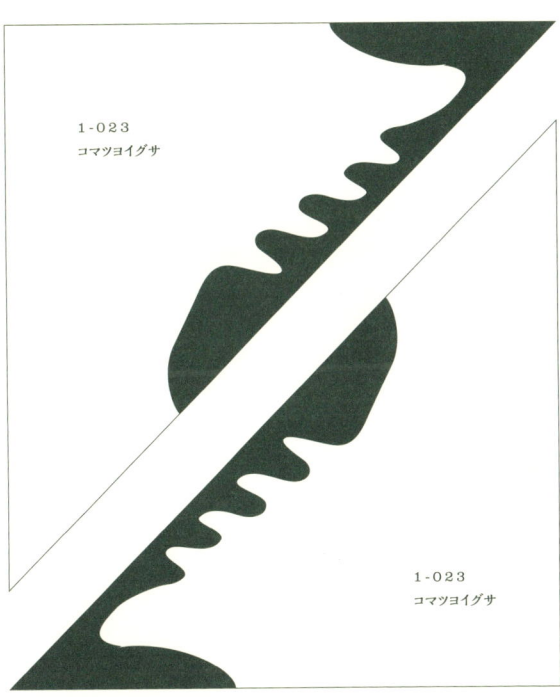

1-023
コマツヨイグサ
➡p.44
難易度 ☆☆☆☆

1-023
コマツヨイグサ

1-024
メマツヨイグサ

1-024
メマツヨイグサ
➡p.45
難易度 ☆

1-024
メマツヨイグサ

1-024
メマツヨイグサ

1-023
コマツヨイグサ

1-023
コマツヨイグサ

1-025
ニワゼキショウ

1-025
ニワゼキショウ

1-025
ニワゼキショウ
➡p.45
難易度 ☆

1-026
ユウゲショウ
➡p.46
難易度 ☆☆☆☆

1-026
ユウゲショウ

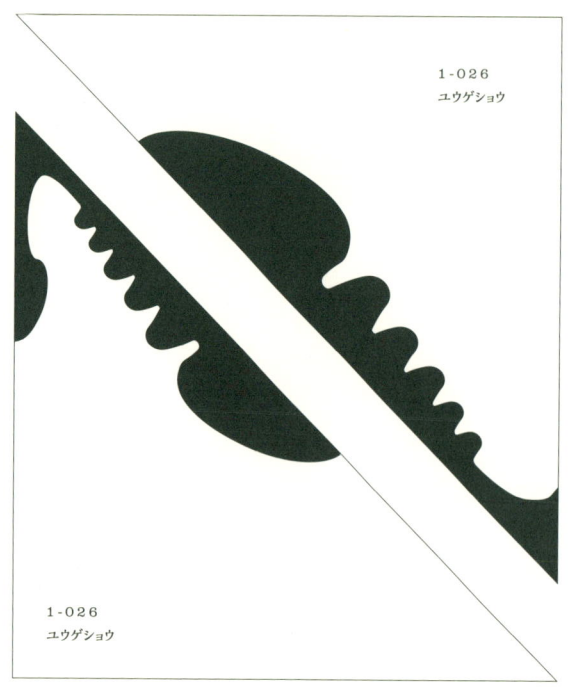

1-026
ユウゲショウ

1-026
ユウゲショウ

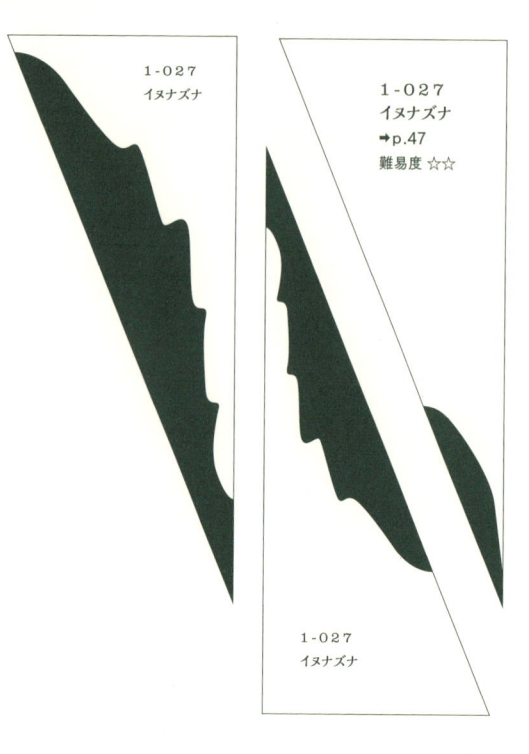

1-027
イヌナズナ

1-027
イヌナズナ
➡p.47
難易度 ☆☆

1-027
イヌナズナ

1-028
セイタカアワダチソウ

1-028
セイタカアワダチソウ
➡p.47
難易度 ☆

1-028
セイタカアワダチソウ

1-029
ノゲシ
➡p.48
難易度 ☆☆☆☆

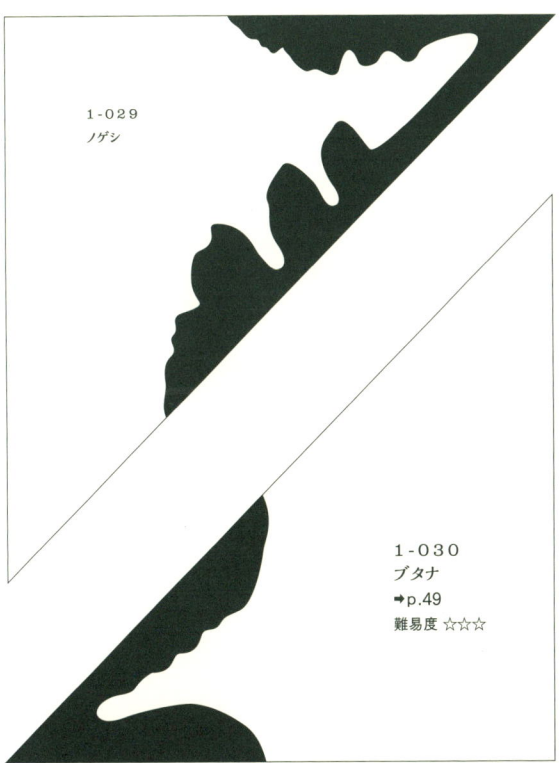

1-029
ノゲシ

1-029
ノゲシ

1-030
ブタナ
➡p.49
難易度 ☆☆☆

1-030
ブタナ

1-030
ブタナ

123

2-001
セイヨウタンポポ
➡p.56
難易度 ☆☆☆☆

2-002
オオアレチノグサ
➡p.57
難易度 ☆☆

140〜170％拡大コピーして使用してください

2-003
オニタビラコ
➡p.58
難易度 ☆☆☆☆

2-004
オニノゲシ
➡p.59
難易度 ☆☆☆☆

140〜170％拡大コピーして使用してください

125

2-005
ヒルザキツキミソウ
➡p.60
難易度 ☆☆☆

2-006
ヨメナ
➡p.60
難易度 ☆☆

140〜170％拡大コピーして使用してください

2-007
ナズナ
➡p.61
難易度 ☆☆☆☆

2-008
ヒメムカショモギ
➡p.62
難易度 ☆☆☆

140〜170%拡大コピーして使用してください

2-009
ブタナ
➡p.63
難易度 ☆☆☆

2-010
ノアザミ
➡p.66
難易度 ☆☆ ☆☆☆

140〜170％拡大コピーして使用してください

2-011
ハルジオン
➡p.67
難易度 ☆☆☆

2-012
キュウリグサ
➡p.67
難易度 ☆☆

140〜170％拡大コピーして使用してください

2-013
ヒレアザミ
→p.68
難易度 ☆☆☆☆☆

2-014
ウラジロチチコグサ
→p.68
難易度 ☆

140〜170%拡大コピーして使用してください

2-015
ヨモギ
→p.69
難易度 ★☆☆☆☆

2-016
ヘラオオバコ
→p.70
難易度 ★

140〜170%拡大コピーして使用してください

2-017
オオバコ
➡p.70
難易度 ☆☆

2-018
キツネアザミ
➡p.71
難易度 ☆☆☆☆

140〜170％拡大コピーして使用してください

2-019
スカシタゴボウ
➡p.72
難易度 ★☆☆☆☆

2-020
ヒメジョオン
➡p.73
難易度 ★☆☆☆☆

140〜170%拡大コピーして使用してください

2-021
イヌガシラ
→p.73
難易度 ☆☆☆☆

2-022
ショウジョウバカマ
→p.76
難易度 ☆

2-023
メマツヨイグサ
➡p.76
難易度 ☆

2-024
ノゲシ
➡p.77
難易度 ☆☆☆☆

140〜170%拡大コピーして使用してください

2-025
イヌナズナ
→p.77
難易度 ☆☆☆

2-026
タネツケバナ
→p.78
難易度 ☆☆☆☆☆

136　　140〜170％拡大コピーして使用してください

2-027
ニワゼキショウ
➡p.79
難易度 ☆☆

2-028
コマツヨイグサ
➡p.79
難易度 ☆☆☆☆

140〜170%拡大コピーして使用してください

137

2-029
セイタカアワダチソウ
➡p.80
難易度 ☆☆☆

2-030
ユウゲショウ
➡p.81
難易度 ☆☆☆☆

140〜170％拡大コピーして使用してください

3-001
➡p.88
難易度 ☆☆☆☆

3-003
➡p.88
難易度 ☆☆☆☆

3-005
➡p.89
難易度 ☆☆

3-002
➡p.88
難易度 ☆☆☆☆

3-004
➡p.89
難易度 ☆☆☆

3-006
➡p.89
難易度 ☆☆☆

3-007
➡p.90
難易度 ☆☆

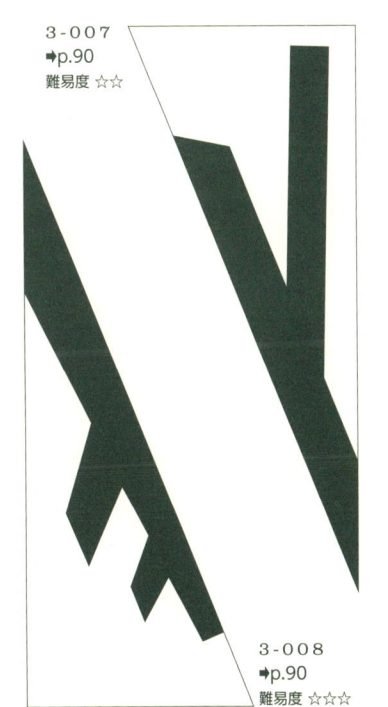

3-009
➡p.91
難易度 ☆☆

3-011
➡p.92
難易度 ☆☆

3-008
➡p.90
難易度 ☆☆☆

3-010
➡p.92
難易度 ☆☆☆

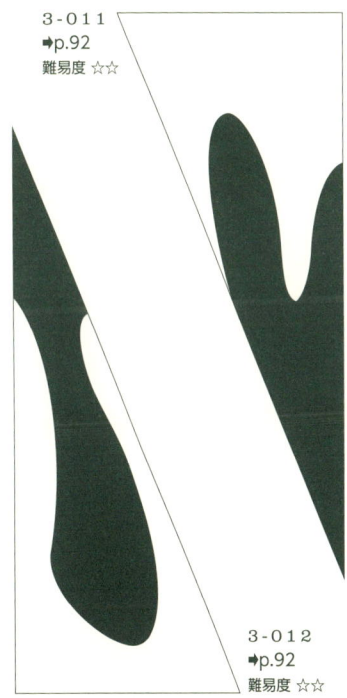

3-012
➡p.92
難易度 ☆☆

139

3-013
➡p.93
難易度 ☆☆☆

3-015
➡p.94
難易度 ☆☆☆

3-017
➡p.94
難易度 ☆☆☆

3-014
➡p.93
難易度 ☆☆☆

3-016
➡p.94
難易度 ☆☆☆☆

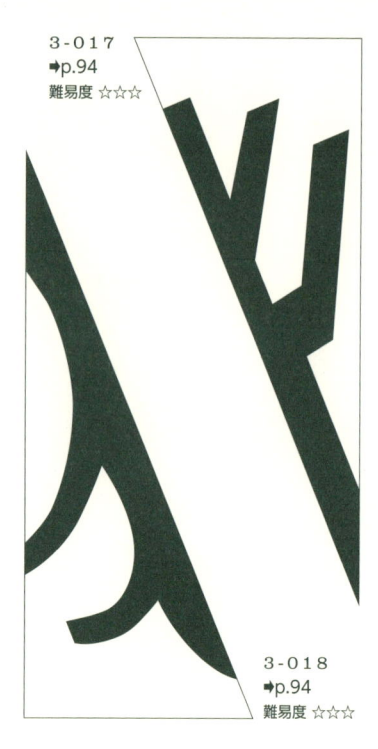

3-018
➡p.94
難易度 ☆☆☆

3-019
➡p.95
難易度 ☆

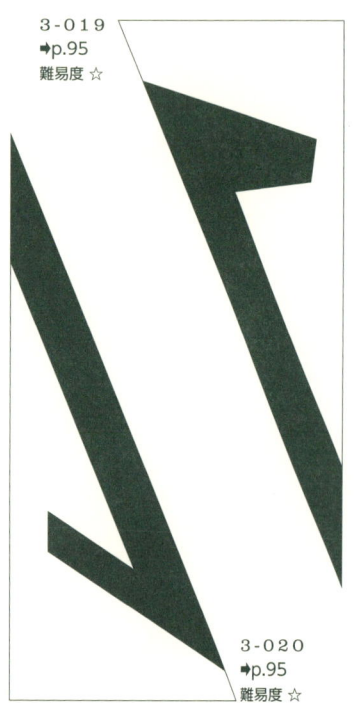

3-021
➡p.95
難易度 ☆☆

3-023
➡p.98
難易度 ☆☆

3-020
➡p.95
難易度 ☆

3-022
➡p.98
難易度 ☆

3-024
➡p.98
難易度 ☆☆

3-025
➡p.99
難易度 ☆☆☆

3-027
➡p.99
難易度 ☆☆☆

3-029
➡p.99
難易度 ☆☆☆

3-026
➡p.99
難易度 ☆☆☆

3-028
➡p.99
難易度 ☆☆☆

3-030
➡p.100
難易度 ☆☆☆

3-031
➡p.100
難易度 ☆☆☆

3-033
➡p.101
難易度 ☆☆☆

3-035
➡p.101
難易度 ☆☆☆

3-032
➡p.100
難易度 ☆☆☆

3-034
➡p.101
難易度 ☆☆☆

3-036
➡p.101
難易度 ☆☆

3-037
→p.102
難易度 ☆☆

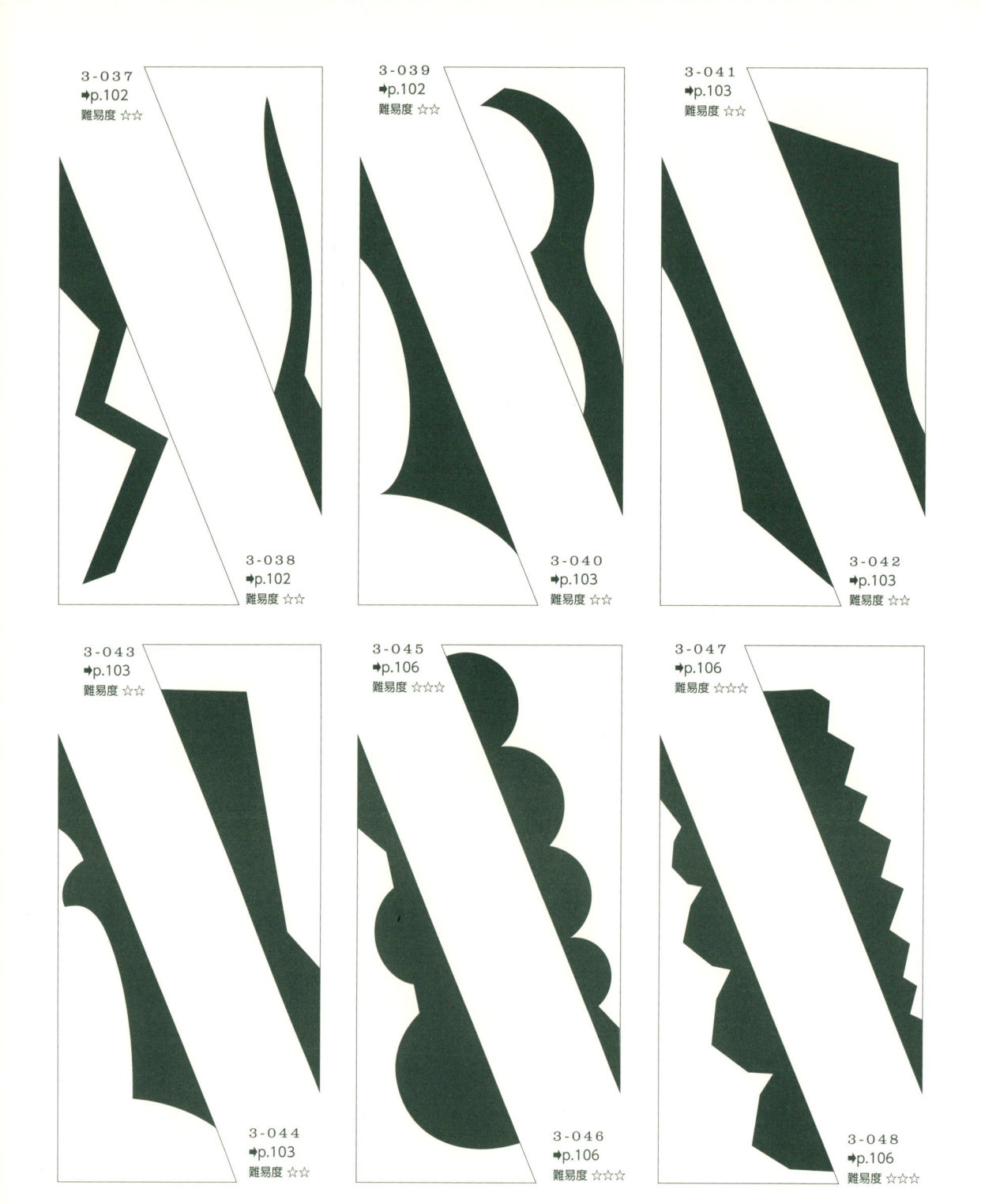

3-038
→p.102
難易度 ☆☆

3-039
→p.102
難易度 ☆☆

3-040
→p.103
難易度 ☆☆

3-041
→p.103
難易度 ☆☆

3-042
→p.103
難易度 ☆☆

3-043
→p.103
難易度 ☆☆

3-044
→p.103
難易度 ☆☆

3-045
→p.106
難易度 ☆☆☆

3-046
→p.106
難易度 ☆☆☆

3-047
→p.106
難易度 ☆☆☆

3-048
→p.106
難易度 ☆☆☆

142

3-049
→p.107
難易度 ☆☆

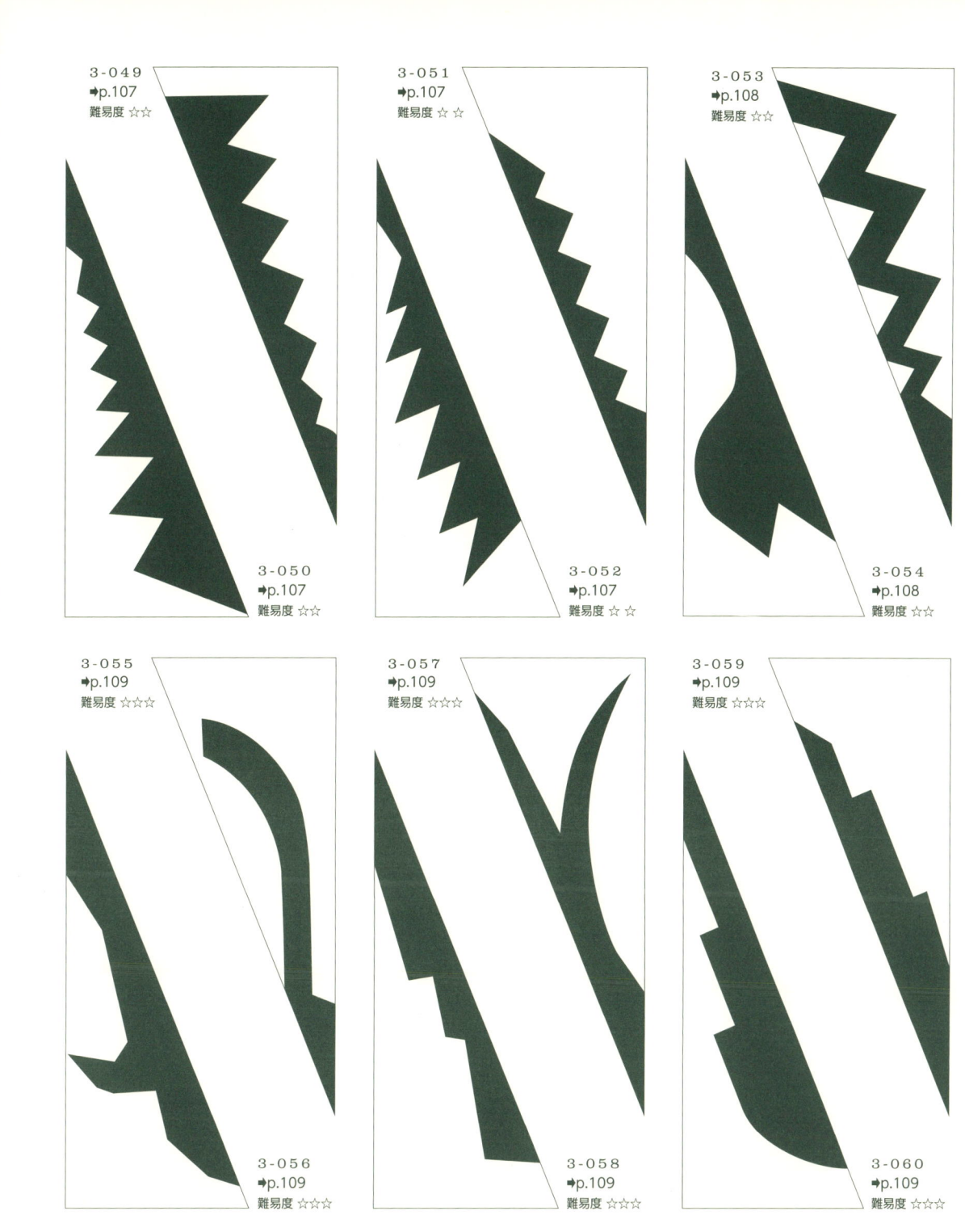

3-051
→p.107
難易度 ☆☆

3-053
→p.108
難易度 ☆☆

3-050
→p.107
難易度 ☆☆

3-052
→p.107
難易度 ☆ ☆

3-054
→p.108
難易度 ☆☆

3-055
→p.109
難易度 ☆☆☆

3-057
→p.109
難易度 ☆☆☆

3-059
→p.109
難易度 ☆☆☆

3-056
→p.109
難易度 ☆☆☆

3-058
→p.109
難易度 ☆☆☆

3-060
→p.109
難易度 ☆☆☆

143

## Killigraph
キリグラフ

Killigraphはエディトリアルデザイナー瀬川卓司のブランドネーム。書籍や雑誌のエディトリアルデザインをメインに企画、編集なども手がけている。2007年より「切りグラフプロジェクト」として、ふせんを使った切り絵作品「切りグラフ付箋」や建築物を切り絵にした「アーキ切りグラフ」などを発表している。著書も多数。

http://killigraph.com

### スタッフ

| | |
|---|---|
| 編集・デザイン | 瀬川卓司 (Killigraph) |
| 撮影 | boco |
| 撮影アシスタント | 鴛海理恵 |
| 編集協力 | 矢部智子 |
| 3章 型紙トレース | 武村 昂 |
| | 熊谷明子 |
| 素材提供 | 株式会社トーヨー |

### 著書

「アンティーク・きりえスタイル」(飛鳥新社)
「ふせんで作る ミニチュア切り絵」(ブティック社)
「ふせんで作る1/40の世界」(青春出版社)
「ディズニーのふせん切り絵」(ブティック社)
「カワイイふせん活用BOOK」(玄光社)
「かわいい! 使える!! ふせんでネコクラフト」(グラフィック社)
「ディズニーの小さなふせん切り絵」(ブティック社)
「ポーズも自由自在! 使えるシルエット素材集」(技術評論社)
「落ち葉切り紙」(誠文堂新光社)

〈参考文献〉
『野草のロゼット ハンドブック』亀田龍吉著(文一総合出版)

---

切って楽しむ、開いて楽しむ 美しく開いた葉の形120作品

## ロゼット切り紙　NDC 594

2015年9月10日　発行

| | |
|---|---|
| 著 者 | Killigraph(キリグラフ) |
| 発行者 | 小川雄一 |
| 発行所 | 株式会社誠文堂新光社 |
| | 〒113-0033 東京都文京区本郷3-3-11 |
| | (編集)電話03-5805-7285 |
| | (販売)電話03-5800-5780 |
| | http://www.seibundo-shinkosha.net/ |
| 印刷・製本 | 大日本印刷株式会社 |

©2015, Killigraph.　Printed in Japan　検印省略

万一落丁・乱丁の場合はお取替えいたします。本書掲載記事の無断転用を禁じます。また、本書に掲載された記事の著作権は著者に帰属します。これらを無断で使用し、工作教室や講演会および商品化や販売などを行うことを禁じます。

本書のコピー、スキャン、デジタル化等の無断複製は、著作権法上での例外を除き禁じられています。本書を代行業者等の第三者に依頼してスキャンやデジタル化することは、たとえ個人や家庭内での利用であっても著作権法上認められません。

Ⓡ〈日本複製権センター委託出版物〉
本書の全部または一部を無断で複写複製(コピー)することは、著作権法上での例外を除き禁じられています。本書からの複写を希望される場合は、日本複製権センター(JRRC)の許諾を受けてください。
JRRC (http://www.jrrc.or.jp/　E-Mail:jrrc_info@jrrc.or.jp
電話03-3401-2382)

ISBN978-4-416-31523-1